이야기로 본
인대인
삶 바꾸기

그분의 이야기

이야기로 본
인대인 삶 바꾸기 / 2
그분의 이야기

ⓒ 생명의말씀사 2019

2019년 5월 15일 1판 1쇄 발행

펴낸이 ㅣ 김재권
펴낸곳 ㅣ 생명의말씀사

등록 ㅣ 1962. 1. 10. No.300-1962-1
주소 ㅣ 서울시 종로구 경희궁1길 5-9(03176)
전화 ㅣ 02)738-6555(본사)·02)3159-7979(영업)
팩스 ㅣ 02)739-3824(본사)·080-022-8585(영업)

지은이 ㅣ 박광리

기획편집 ㅣ 서정희, 유영란
디자인 ㅣ 김혜진
인쇄 ㅣ 영진문원
제본 ㅣ 정문바인텍

ISBN 978-89-04-13215-7 (04230)
ISBN 978-89-04-70054-7 (세트)

저작권자의 허락없이 이 책의 일부 또는 전체를
무단 복제, 전재, 발췌하면 저작권법에 의해 처벌을 받습니다.

HISTORY

이야기로 본
인대인
삶 바꾸기

복음의 정신을 실제 삶에 적용하는
그분의 이야기

②

CONTENTS

들어가는 글 · 6

1강 우리는 무엇에 기뻐하는가? · 12

2강 참된 복으로 이끄심 · 26

3강 '복음' 자체를 믿어야 한다 · 40

4강 복을 받은 자의 생활 · 56

들어가는 글

누구에게?

이 교재는 신학적인 책이 아니다.
이 교재는 지극히 실천적인 책이다.
이 교재는 깊이 있는 배움을 원하는 사람에게는 부적합할지 모른다.
그러나 하나님의 자녀로서 삶을 바꿔 보려는 사람에게는 분명 도움이 될 것이다.

우리는 아는 것에 비해 사는 것이 몹시 부족한 신앙생활을 하고 있다.
이 균형을 잡으려면 지식만 쌓기보다 실천에 더욱 힘써야 한다.

우리 문제의 원인은 '앎의 부족'보다는 '삶의 부족'에, 그리고 '왜곡된 앎'에 있다. 이제는 뒤틀린 앎을 교정하고 올바른 방향을 찾아 하나라도 실천하는 삶으로 나아가야 한다.
나에 대해, 예수님에 대해, 이웃에 대해 뒤틀린 지식을 올바로 하고, 비만 지식 상태에서 건강한 실천으로 한 걸음 나아가기를 소망한다.

어떤 이야기?

전작인 『이야기로 본 새가족 성경공부』는 '예화'라는 '이야기'를 통해 복음에 보다 쉽게 접근한 교재이다. 『이야기로 본 인대인 삶 바꾸기』

역시 '이야기'로 접근하는 교재이지만, 앞의 이야기와는 조금 다르다. 이 교재는 예화라는 제3의 이야기가 아니라, 바로 나의 이야기, 그분의 이야기 그리고 우리의 이야기를 다룰 것이다.

사람은 이론으로 변화되지 않는다. 사람은 마음에 와닿는 이야기로 감동하고, 결단하고, 실천하게 된다. 또한 남의 이야기가 아닌, 나의 이야기를 나눌 때 진정한 마음의 문을 열 수 있다.
이 교재를 통해 나의 인생이 어떤 이야기인지, 복음이 어떻게 나와 상관있는 이야기가 될지, 유령과 같던 사람들이 어떻게 나의 이야기에 동참하게 될지 배우고 나누게 될 것이다.

무엇을 위해?

"너희 마음에 그리스도를 주로 삼아 거룩하게 하고 너희 속에 있는 소망에 관한 이유를 묻는 자에게는 대답할 것을 항상 준비하되 온유와 두려움으로 하고"(벧전 3:15).

이 말씀을 중심으로, 우리는 복음을 지닌 자로서 이제 세상에 대답할 말을 준비해야 한다. 그런데 복음을 묻는 사람이 없어서 대답할 일도 없는가?
어쩌면 내 안에 소망(복음)이 없거나, 있기는 있지만 전혀 보이지 않게 감추어진 것은 아닐까?

HIS STORY >

당연한 일이다. 소망을 철저히 숨기고 머리로만 산다면.
나에게 소망이 있는지, 있다면 그 소망이 사람들에게 보이는지 확인해야 한다. 소망이 없다면 왜 없는지, 무엇이 잘못되었는지 확인해야 한다. 그리고 왜 소망을 숨기고 사는지, 왜 아닌 척하는지 확인해야 한다.

누가 묻지도 않는데, 무엇을 대답할 수 있겠는가.
이 교재는 당신이 사회에서 크리스천인지 질문을 받게 되는 삶을 위해 만들어졌다. '소망을 확실하게 가진 자!', '소망이 확실하게 보이는 자!' 그리고 '대답할 것이 준비된 자!'를 만들기 위해 말이다.

변화의 지향점은?

1. 교회에서 → 교회 밖으로
2. 일 중심에서 → 영혼 중심으로
3. 목사 중심에서 → 하나님 중심으로
4. 강자 중심에서 → 약자 중심으로
5. 의무 중심에서 → 자발적 사랑 중심으로
6. 나 중심에서 → 타인 중심으로
7. 소유 중심에서 → 나눔 중심으로

각 권의 목표는?

1권 **나의 이야기** - 나를 재정비하고 올바른 정체성을 확립한다.
2권 **그분의 이야기** - 복음을 확실히 이해하고 복음의 정신을 삶의 기준으로 세운다.
3권 **우리의 이야기** - 사람을 사랑하고, 동행하며, 함께하는 법을 배운다.

자신의 그릇을 깨끗이 닦고(1권), 그 안에 올바른 복음을 넣고(2권), 그 복음을 사회(세상)에서 사람들과 함께 나누는 삶을 살게 하는 것(3권)이 이 교재의 목표이다.

이 성경공부 과정을 통해 당신은 자신의 인생을 새롭게 바라보게 될 것이다. 그리고 복음으로 사는 법을 실천하게 될 것이다. 또한 이제까지 관심 밖에 있던 사람들을 새롭게 발견하고 그들에게 다가갈 용기를 얻을 것이다.

이 책의 내용은?

2권 | 그분의 이야기

1. 우리는 무엇에 기뻐하는가?
   - 하나님이 주기 원하시는 참된 기쁨이 있음을 분명히 발견한다.

HIS STORY >

2. 참된 복으로 이끄심
   - 이미 주어진 복을 알고, 우리가 기뻐할 수밖에 없는 존재임을 재확인한다.
3. '복음' 자체를 믿어야 한다
   - 복음만으로 충분히 기뻐할 수 있음을 알고, 복음 자체를 추구하는 신앙으로 나아간다.
4. 복을 받은 자의 생활
   - 복음은 '남을 잘되게 하는 것'임을 알고 구체적인 삶의 변화를 일으킨다.

이 과정을 잘 통과한다면, 당신은 복음이 얼마나 기쁜 소식인지 분명히 알게 될 것이다. 또한 복음이 실제로 당신의 삶을 어떻게 변화시킬 수 있는지 구체적으로 알게 될 것이다. 다시 말해, 말뿐인 복음을 넘어 삶으로 복음을 드러내는 성도로 변화될 것이다.

어떤 결단?

쉽게 지나가려고 하지 말라.
대충 대답하려고 하지 말라.
빨리 끝내려고 하지 말라.
깊은 질문을 피하지 말라.

대면하고, 인내하고, 성실하게 답변하라.
나의 인생을 재해석하는 일이다.
그리고 이 과정은 당신의 남은 평생을 좌우할 수 있다.
이 또한 당신의 결정이다.
이제 자신의 현실을 목도하자.
나를 고치고, 씻고, 담고,
회복하기 위한 문을 활짝 열고 들어가자.

주님이 당신을 기다리고 계신다.

MY STORY >
HIS STORY >
OUR STORY >

1강

우리는 무엇에 기뻐하는가?

나의 인생에서 가장 기뻤던 때는 언제인가?

예) 원하는 대학에 합격했을 때
　　월급이 올랐을 때
　　자녀가 태어났을 때
　　교회에 처음 갔을 때

HIS STORY >

나를 기쁘게 하는 것은?

〈인사이드 아웃〉이라는 영화를 보면, 인간의 감정을 '기쁨', '슬픔', '버럭', '까칠', '소심'이라는 5개로 구분한다. '기쁨'이 가장 긍정적인 감정처럼 묘사되고, 나머지 감정들은 부정적으로 그려진다.

영화의 주인공은 부모와 갈등 상황에 놓인 사춘기 소녀다. 딸은 자기를 이해해 주지 못하는 부모에게 반항하며 가출을 감행한다. 딸의 감정은 분노와 슬픔과 우울로 가득하다. 그러나 부정적으로 여겨졌던 그 감정들이 극에 달하자, '울음'이라는 정화 작용을 통해 딸은 다시금 부모의 사랑을 깨닫고 집으로 돌아온다. 모든 갈등은 결국 화해로 나아가는 과정에 꼭 필요한 요소다.

영화는 집으로 돌아온 딸이 부모와 부둥켜안고 화해하는 장면으로 마무리된다. 부정적 감정들이 해소되고 다시금 기쁨이 회복되었다. 슬픔이 없다면 기쁨도 존재할 수 없다. 어찌 보면 인생은 우리에게 있는 부정적 감정들을 어떻게 잘 다루는가를 배워 가는 과정이라 해도 과언이 아니다. 인생은 기쁨 이외의 감정을 모두 없애는 데 목적이 있지 않다.

> 크리스천은 항상 기뻐해야 한다고 강요받은 적 없는가?
> 그럴 때 어떤 생각이 드는가?

'새옹지마'란 '인생이 너무 복잡하기 때문에 좋고 나쁨을 예측할 수 없다'는 의미의 사자성어다. 오늘은 내 상황이 좋은 것 같아도 내일은 어떨지 알 수 없고, 반대로 오늘은 나쁜 것 같아도 내일은 어떨지 알 수 없다는 뜻이다. 그러니 좋다고 자만할 것도, 나쁘다고 낙심할 것도 아니라는 말이다.

이처럼 인생에는 좋은 날도 있고 힘든 날도 있다. 그런데 사람들은 좋았던 날보다 힘들었던 날을 더 강렬하게 기억한다고 한다. 좋은 일이 9가지 있어도 힘들고 어려운 일 1가지가 우리의 뇌를 지배해 우리를 부정적인 감정에 사로잡히게 하고, 삶에도 좋지 않은 영향을 미친다는 것이다. 물론 우리는 이 세상을 기쁨이라는 감정만 가지고 살아갈 수 없다. 앞서 이야기했듯 부정적인 감정도 우리에게 필요하다. 그러나 이 감정들에 지배되어서는 안 된다.

**최근 마음속에 강렬하게 남은 사건이 있다면 나누어 보자.
나쁜 감정에 사로잡혔다 벗어난 경험이 있는가?
있다면 어떻게 벗어났는가?**

성경은 우리에게 항상 기뻐하라고 강조한다. 사도 바울은 "주 안에서 항상 기뻐하라 내가 다시 말하노니 기뻐하라"(빌 4:4), "항상 기뻐하라"(살전 5:16)고 말한다. 바울은 기뻐할 수 없는 고난의 상황 속에서 기뻐하라고 말하고 있다. 그러나 우리는 삶 가운데 닥치는 다양한 고난 앞에서 바울처럼 기뻐하지 못한다. 그리고 기뻐하지 못하는 자신을 보며 죄책감을 느끼기도 한다.

바울은 어떻게 고난 속에서도 기뻐할 수 있었을까? 무엇을 지녔기에 고난이라는 환경을 기쁨으로 바꿀 수 있었을까?

"나에게 이르시기를 내 은혜가 네게 족하도다 이는 내 능력이 약한 데서 온전하여짐이라 하신지라 그러므로 도리어 크게 기뻐함으로 나의 여러 약한 것들에 대하여 자랑하리니 이는 그리스도의 능력이 내게 머물게 하려 함이라 그러므로 내가 그리스도를 위하여 약한 것들과 능욕과 궁핍과 박해와 곤고를 기뻐하노니 이는 내가 약한 그때에 강함이라"(고후 12:9-10).

❓ 이 말씀에 의하면, 사도 바울이 기뻐할 수 있는 이유는 무엇이라고 생각 되는가?

나도 모르는 '나'

 일반적으로 클로버는 세 개의 잎을 가진다. 세 잎 클로버 사이에서 간혹 발견되는 네 잎 클로버는 찾기가 어렵고 그만큼 희귀하다. 그래서 네 잎 클로버의 꽃말은 '행운'이다. 그런데 세 잎 클로버의 꽃말이 '행복'이라는 것을 아는가?
 사람은 모두 행복하기를 바란다. 그래서 네 잎 클로버와 같은 행운을 찾아 헤맨다. 그러나 사실 행복은 우리가 소홀히 여기는 세 잎 클로버처럼 주변에 가득하다.

 '금수저'나 '흙수저'라는 단어는 이 시대의 아픔을 그대로 반영한 말이다. 노력 정도가 아니라 '노오력'(노력만으로 부족하기에 더 노력해야 한다는 의미)이 필요하다는 것이다. 그러나 '노오력'을 해도 뛰어넘을 수 없는 자신에게 주어진 환경의 열악함 앞에 좌절한다.
 그래서 많은 사람이 현실을 뛰어넘을 행운을 찾아 헤맨다. 혹은 오늘에만 매인 삶을 추구하게 된다. 그런데 오늘에 충실하다는 것은 다른 한편으로 미래가 없다는 말이다. 어느 쪽이든, 정작 '나' 자신이 기대했던 삶은 어디로 갔는지 없다.

 인생의 네 잎 클로버를 추구하다 보면, 자신이 어떤 존재인지, 무엇을 잘하는지, 왜 살아가야 하는지에 대한 궁극적 질문들을 잊고 살게 된다. 내가 누구인지 놓친 채 사는 것이다.
 우리는 세상에서 성공한 바로 '그 사람'처럼 되어야 한다고 남의 삶을 강요받기도 하고, 편하고 안정적인 삶을 위해 자신의 재능과 관심사와는 무관한 직장 생활을 감행하기도 한다. 요즘 초등학생들은 장래희망이 '공무원'이라고 한다. 이는 비단 아이들뿐만 아니라 아이들의 부모 시대의 자화상이다.

❓ 내 인생에 무엇이 더해지면 더 행복할 것이라고 생각하는가?

_____
_____
_____
_____

무엇을 믿는가에 따라 기뻐할 이유도 달라진다. 돈이 행복이라고 믿는 사람은 돈이 많으면 기쁘고 없으면 슬프다. 자녀의 성공이 행복이라고 믿는 사람은 자녀가 좋은 대학을 가면 기쁘고, 대학에 떨어지면 절망한다.

성경에서 '우상'은 '하나님보다 더 신뢰하는 믿음의 대상'을 말한다. 하나님보다 돈을 더 믿는다면 돈이 우상이다. 하나님을 이용해서 돈을 얻으려는 욕망이 있다면, 사실 그는 하나님을 믿는 사람이 아니라 돈을 믿는 사람이다. 하나님을 믿는다는 것은 비록 돈은 없지만 하나님으로 인해 기뻐할 수 있다는 신앙고백이다.

"비록 무화과나무가 무성하지 못하며 포도나무에 열매가 없으며 감람나무에 소출이 없으며 밭에 먹을 것이 없으며 우리에 양이 없으며 외양간에 소가 없을지라도 나는 여호와로 말미암아 즐거워하며 나의 구원의 하나님으로 말미암아 기뻐하리로다"(합 3:17-18).

❓ 무엇이 나를 기쁘게 하는가?
정직하게 나열해 보고, 나는 무엇을 믿는지 생각해 보자.

_____
_____
_____
_____

사람이 불행한 진짜 이유

"내가 무엇을 하는 사람인가?"보다 더 중요한 것은 "내가 어떤 사람인가?"이다. 이는 "'Doing'(하는 것)보다 'Being'(되는 것)이 더 중요하다."는 말과 일맥상통한다.

그런데 많은 사람들은 상대방이 어떤 사람인가보다 무엇을 하는 사람인지에 관심을 갖는다. 어떤 직장에 다니고, 얼마나 높은 직급이며, 월급을 얼마나 받고, 무슨 차를 타고 다니며, 어느 동네에 사는지 묻는다. 상대방과의 관계보다는 상대방의 정보에 더 관심을 갖는 것이다. 더 좋은 직장, 더 많은 돈, 더 좋은 차, 더 넓은 집이 행복을 가져다 준다고 생각하기에 그 관점으로 상대방을 보는 것이다.

> 나는 새로운 사람을 알아갈 때 그 사람의 무엇을 궁금해하는가? 그 이유는?

그러나 안타깝게도 이런 식의 인간관계와 대화로는 진짜로 중요한 인생의 궁극적 질문들을 나눌 수 없다. 상대방이 가진 '무엇'에만 관심을 갖는다면 그 사람의 내면을 볼 수 없다. 예를 들어, 우리가 어떻게 존재하게 되었는지, 왜 존재하는지, 왜 사는지, 무엇이 행복한 삶인지 등에 관심을 갖기 어렵다. 그러면 진짜로 우리를 행복하게 하는 것과 불행하게 하는 것에 대한 이유들을 발견할 수 없게 된다. 인생의 궁극적 질문이 사라지면 우리는 결코 행복한 삶을 영위할 수 없다.

❓ 최근 삶에 대한 궁극적 질문을 스스로에게 해본 적이 있는가?
혹은 누군가와 대화하면서 나눠 본 적이 있는가?

_____
_____
_____
_____
_____

성경은 인간의 궁극적 질문에 대해 분명한 답을 말해 준다. 특별히 강조하는 것은 '죄가 인간을 불행하게 한다'는 점이다. 그러므로 죄의 문제를 해결해야만 인간은 진정으로 행복해질 수 있다고 말한다. 타 종교에서뿐만 아니라 역사 속의 많은 지혜자도 죄를 지어서는 안 된다고 말했고, 그 죄로 말미암아 사람이 불행해진다고 경고해 왔다.

❓ 죄가 사람을 불행하게 한다는 말에 동의하는가?
죄로 말미암아 불행한 경험을 한 적이 있는가?

_____
_____
_____
_____
_____
_____
_____
_____

HIS STORY >

하나님이 들려주기 원하시는 기쁜 소식은?

죄가 나쁜 것이고 인간을 불행하게 한다고 말하는 종교나 사람은 많다. 하지만 누구도, 그 무엇도 죄의 문제를 해결해 주지는 못한다. 성경은 죄가 인생에 해롭다고 말할 뿐 아니라 그 죄를 해결하는 유일한 대안을 준다. 성경은 죄가 사람을 불행하게 만들었으며, 죄를 해결하고 새로운 삶을 시작해야 한다고 말한다. 죄를 해결하지 못한 채 죄에 끌려가는 삶은 결코 행복해질 수 없다는 것이다.

성경이 말하는 죄는 윤리적이고 도덕적인 잘못을 포함하지만, 그 이상의 의미가 있다. 죄는 하나님과의 단절된 관계에서 나타나는 증상들이다. 때문에 하나님과 연결됨이 없이는 죄에서 벗어날 수 없고, 죄에 사로잡혀 사는 한 행복해질 수 없다.

"그러므로 한 사람으로 말미암아 죄가 세상에 들어오고 죄로 말미암아 사망이 들어왔나니 이와 같이 모든 사람이 죄를 지었으므로 사망이 모든 사람에게 이르렀느니라"(롬 5:12).

❓ **성경은 죄의 시작을 어떻게 말하는가?**(창 3:3-19 참조)

_____
_____

❓ **요한복음 3장 1-8절을 읽어 보자. 성경은 죄에서 벗어나 새로운 삶을 사는 일이 어떻게 가능하다고 말하는가?**

_____
_____

❓ 나에게 두 번째 삶이 있다는 것에 대해 어떻게 생각하는가?

_____
_____
_____
_____

하나님은 어그러진 관계를 다시금 정비하기 원하신다. 우리를 새로운 삶으로, 우리가 놓친 행복한 삶으로 초대하신다. 이 초대는 죄 없고 문제 없는 인생에게 주어지는 것이 아니다. 죄도 많고 문제도 많기 때문에 주어지는 초대다. 예수님은 "건강한 자에게는 의사가 쓸 데 없고 병든 자에게라야 쓸 데 있느니라"(마 9:12)라고 말씀하셨다. 하나님의 초대 없이는 우리 스스로 제2의 인생을 살 수 없다.

인간이 행복해지기 위해서 가장 중요한 것은 바로 죄로부터의 탈출이다. 성경은 죄로부터의 탈출을 '구원'이라고 말한다. 하나님의 관심사는 인류의 구원이다. 하나님은 우리가 구원받고 새로운 삶을 살아가기 원하신다.

구원을 통해 죄에서 벗어나 하나님과 좋은 관계를 맺고 살 때 행복한 삶이 가능하다. 아무리 열심히 산다 해도, 세상이 말하는 행복을 추구한다 해도 구원받지 못하면 우리는 진정한 행복에 이를 수 없다. 하나님과 연결될 때에야 비로소 내가 누구인지, 어떻게 살아야 하는지에 대한 답을 얻을 수 있기 때문이다.

"그런즉 누구든지 그리스도 안에 있으면 새로운 피조물이라 이전 것은 지나갔으니 보라 새 것이 되었도다"(고후 5:17).

이 강을 마무리하며

인류에게 주어진 가장 기쁜 소식은 구원이 있다는 것이다. 돈을 많이 벌 수 있다는 것이 가장 기쁜 소식이 아니다. 우리는 이 땅에서 부자가 되려는 목적으로 살아가는 것이 아니다. 돈은 필요에 따라 가치와 의미를 두고 사용되는 수단일 뿐이다.

인간에게 가장 중요한 것은 죄에서 탈출해 구원에 이르는 것이다. 그래서 두 번째 삶에 이르는 것이며, 그 두 번째 삶을 사는 것이다. 구원은 우리에게 세상에서 줄 수 없는 두 번째 삶을 주며 우리가 더 소중하고 풍성한 삶을 살게 한다. 인간은 한 사람도 예외 없이 반드시 구원받아야 한다. 구원이야말로 인간다운 삶을 살도록 하기 때문이다.

나에게 구원이 필요하다고 느끼는가?

**나의 삶에서 후회되는 것이 있다면
자세히 적어 보자.**

예) 쓸데없는 일에 시간을 낭비한 일
　　나의 이기심으로 인간 관계에 문제가 생겼을 때
　　가정에 불화를 제공했던 일
　　부정할 수 없는 죄를 저지른 일

하나님이 나에게 바라시는 행복한 삶에 대해
적어 보자.

MY STORY >
HIS STORY >
OUR STORY >

2강

참된 복으로
이끄심

❓ 나는 복이 많은 사람(혹은 행복한 사람)이라고 생각하는가?
만일 하나님이 지금 복을 주겠다고 하신다면 무슨 복을 받고 싶은가?
내가 받은 복과 받고 싶은 복을 생각나는 대로 적어 보자.

내가 받은 복 :

내가 받고 싶은 복 :

소유가 복일까?

철학자 에리히 프롬은 『소유냐 존재냐』라는 책에서 '소유함으로 행복한가, 아니면 그 자리에 존재하는 것만으로 행복한가'에 대해 말한다. 삶의 목적은 행복해지는 것인데, 그 행복을 쾌락이 최대치가 되는 것으로 정의한다면 결국 인간은 자신의 이기심과 탐욕을 바탕으로 더 가지려는 소유에 집착하게 된다는 것이다.

그는 들판에 핀 아름다운 꽃을 보고 꺾어서 내 손에 가질 것인지, 그 아름다움을 관조하는 마음으로 기뻐할 것인지 묻는다. 그러면서 결국 인간은 소유의 방식을 넘어 존재의 방식으로 나아갈 때 진정한 자유와 행복의 길에 이르게 된다고 말한다. 다시 말해, 얼마나 소유했느냐와 상관없이 나라는 존재가 있는 모습 그대로 의미가 있음을 받아들일 때 인간 내면의 안식과 치유가 가능하다는 것이다.

돈은 가치중립적이다. 많다고 좋은 것도, 적다고 나쁜 것도 아니다. 돈은 어떻게 쓰이는가로 그 가치가 결정된다. 돈을 아무리 많이 소유했더라도 의미 있게 나누지 못한다면 그 인생은 결코 행복해질 수 없다. 돈을 많이 소유하는 것이 행복이라면, 재벌들의 자살을 어떻게 설명할 수 있겠는가?

지식도 마찬가지다. 지식을 많이 소유해서 모든 것을 안다고 해도, 그 지식에 깊이와 성찰을 담지 않는다면 다른 사람에게 좋은 영향을 주는 데 쓰일 수 없다. 지식을 나열하는 것으로는 사람을 감동시킬 수 없다. 지식이 영감이 되고 감동이 될 때 사람을 감동시킨다. 돈이든 지식이든 소유하는 것만으로는 행복한 삶을 누릴 수 없다.

❓ 요즘 기도 제목이 무엇인가?
그 기도가 응답되면 행복해질 수 있을까?

_____
_____
_____
_____
_____
_____

"내가 두 가지 일을 주께 구하였사오니 내가 죽기 전에 내게 거절하지 마시옵소서 곧 헛된 것과 거짓말을 내게서 멀리 하옵시며 나를 가난하게도 마옵시고 부하게도 마옵시고 오직 필요한 양식으로 나를 먹이시옵소서 혹 내가 배불러서 하나님을 모른다 여호와가 누구냐 할까 하오며 혹 내가 가난하여 도둑질하고 내 하나님의 이름을 욕되게 할까 두려워함이니이다" (잠 30:7-9).

❓ 잠언 30장 7-9절에 기록된 아굴의 기도를 통해
깨달은 점이 있다면 무엇인가?

_____
_____
_____
_____
_____
_____
_____

하나님이 복으로 나를 부르신다

인간을 만드신 하나님은 인간의 목적을 가장 잘 아신다. 우리에게 무엇이 필요한지도 가장 잘 아신다. 우리는 자신에 대해 가장 잘 알 것 같지만 사실은 모른다. 우리가 원하는 복은, 하나님이 우리에게 필요하다고 하시는 복과 다를 때가 많다.

하나님이 내가 원하는 복을 주시지 않는다고 다른 방법으로 그 복을 받으려는 것을 '우상 숭배'라 한다. 내가 원하는 복을 어떻게든, 하나님이 아닌 우상을 통해서라도 받고자 하는 것이다.

애굽에서 나온 이스라엘 백성은 가나안 땅에 들어가 농사를 지어야 했다. 이미 그곳에 정착한 가나안 사람들은 농사를 기반으로 한 문명을 가지고 있었다. 농사에 최적화된 달력도 가지고 있었다. 계절마다 무엇을 해야 하는지도 알았다. 그리고 그들은 농사가 잘되게 하도록 바알이라는 신을 섬겼다. 바알을 통해 풍년을 얻고자 한 것이다.

이스라엘 백성은 농사를 위해 하나님을 버리고 바알을 선택했다. 그들은 풍년이 복이라고 생각했다. 많은 곡식을 소유하는 것이 복이라고 생각했다. 그것을 소유하기 위해 가나안의 문명도, 바알도 기꺼이 받아들였던 것이다.

> "내가 오늘 너희에게 명하는 내 명령을 너희가 만일 청종하고 너희의 하나님 여호와를 사랑하여 마음을 다하고 뜻을 다하여 섬기면 여호와께서 너희의 땅에 이른 비, 늦은 비를 적당한 때에 내리시리니 너희가 곡식과 포도주와 기름을 얻을 것이요"(신 11:13-14).

하나님은 자신이 곡식을 자라게 하는 비를 주관한다고 말씀하셨다. 우리는 눈앞에 주어지는 소유만을 생각하기 쉬운데, 그 소유가 어디

로부터 오는지를 아는 것이 신앙이다. 인간의 가장 큰 복은 하나님과 연결되어 있는 것이다.

우리가 원하는 것을 소유하는 것이 복이 아니라, 하나님이 주시는 것을 받는 것이 복이다. 하나님만이 우리에게 필요한 것이 무엇인지 아시기 때문이다. 하나님은 우리가 볼 수도 없고 알 수도 없는 것까지 공급하시는 분이다. 필요 없는 것을 많이 소유하는 것은 결코 복이 아니다.

> 가나안 땅에 들어간 이스라엘 백성의 불신앙은
> '하나님을 대신해서 바알을 섬긴 것'이 아니라
> '바알과 더불어 하나님을 섬긴 것'이다. 둘의 차이점은 무엇일까?

_____

_____

_____

_____

수집 강박증 환자들은 쓸모없는 종이나 고장난 가전제품도 집에 가져다 모은다. 언젠가는 쓸 데가 있으리라는 막연한 생각 때문이다. 소유가 행복을 줄 것이라는 잘못된 생각 때문에 무엇도 버리지 못한다.

버려야 행복해질 수 있다. 진정한 행복을 모른 채 필요 없는 쓰레기 속에서 더 소유하기 위해 살아가는 우리를 하나님이 부르신다. 그곳에서 나와 하나님을 붙잡으라고 손을 내미신다. 쓰레기를 버리고 정말 필요한 것을 공급받으며 살라고 하신다. 그분이 바로 나를 지으신 분이며, 내 이름을 아시는 창조자 하나님이시다.

그분은 나를 긍휼히 여기시고 행복으로 나아오도록 손을 뻗으신다. 하나님의 손은 공급하시는 손이며 도움의 손이다.

❓ 가지지 못한 것 때문에 불안하거나 불행했던 경험이 있는가?

_____
_____
_____
_____
_____

하나님은 우리에게 꼭 필요한 것을 가장 잘 아신다. 그 하나님이 우리에게 주시는 가장 큰 복은 바로 예수님을 이 땅에 보내 우리의 죄 문제를 해결해 주신 것이다. 우리는 죄가 가져올 엄청난 결과를 모른다. 그러나 하나님은 죄가 가져올 사망이라는 불행한 결과를 아신다. 그리고 우리를 구하기를 원하신다.

이 땅의 그 누구도 예수님을 구원자로 보내 달라고 기도한 사람이 없다. 오직 하나님만이 아시고, 하나님의 생각과 계획으로 예수님을 보내셨다. 예수님을 십자가에 달려 죽게 하심으로 우리의 죄를 죽이신 놀라운 방법은 오직 하나님만이 하실 수 있는 일이다. 그러므로 우리의 구원은 하나님에 의해서만 가능하다.

우리는 이 놀라운 구원을 '은혜'라고 부른다. 은혜란, 우리는 몰랐지만 하나님이 알아서 주신 선물이라는 의미다. 아무도 그 선물을 받을 자격이 없었지만 주어진 복이다. 그래서 구원받은 크리스천들은 누구든 자랑할 수 없다. 내가 구원받은 것은 100% 하나님의 전적인 은혜다. 그저 감사하는 것이 구원에 대한 우리의 유일한 반응이다.

"우리가 아직 죄인 되었을 때에 그리스도께서 우리를 위하여 죽으심으로 하나님께서 우리에 대한 자기의 사랑을 확증하셨느니라"(롬 5:8).

❓ 하나님은 어떠했던 우리를 구원하셨는가?(롬 5:6-10)

_____

_____

_____

_____

하나님은 구원이라는 복을 주실 때 다른 방법이 아닌 오직 은혜로 주신다. 많은 사람이 하나님께 구원이라는 복을 받으려면 자격을 갖춰야 하는 것처럼 생각한다. 더 좋은 사람이 되어야 한다거나 하나님을 감동시켜야 복을 받는다고 여긴다. 그러나 하나님의 복은 주어지는 것이지, 우리의 행동에 대한 보상이 아니다. 다시 말해, 오직 은혜로만 주어지는 것이다.

하나님은 인과응보의 원리를 가진 분이시지만, 인과응보를 뛰어넘어 무조건적인 은혜와 사랑을 베푸는 분이시다. 그분이 바로 우리를 부르셨고, 그 은혜로 우리가 구원의 복을 누린다.

"자기 아들을 아끼지 아니하시고 우리 모든 사람을 위하여 내주신 이가 어찌 그 아들과 함께 모든 것을 우리에게 주시지 아니하겠느냐"(롬 8:32).

손 내밀어 복을 받으면 된다

도저히 받을 자격이 없는 사람에게, 하나님이 무조건적인 사랑과 은혜로 복을 주신다면 어떻게 해야 할까? 너무 과분하다며 거절해야 할까?

아니다. 매우 겸손하게 낮은 자세로 두 손을 내밀어 주시는 복을 받으면 된다. 하나님이 주시는 구원의 복을 받아들이기 위해 두 손을 뻗는 것을 '믿음'이라고 한다. 하나님이 우리에게 복 주시려는 은혜가 존재하지 않는다면 믿음도 없다. 받을 은혜가 없다면 손을 내미는 믿음도 소용이 없다는 뜻이다.

> "너희는 그 은혜에 의하여 믿음으로 말미암아 구원을 받았으니 이것은 너희에게서 난 것이 아니요 하나님의 선물이라 행위에서 난 것이 아니니 이는 누구든지 자랑하지 못하게 함이라"(엡 2:8-9).

다시 한 번 강조한다. 은혜가 먼저 존재하기에 믿음이 있는 것이다. 신앙은 우선순위가 중요하다. 내가 믿음이 있어서 하나님이 은혜를 주시는 것이 아니다. 믿음이 좋아서 특별한 은혜를 받는다는 식의 신앙관은 매우 위험하다.

가장 잘못된 신앙 중 하나가 '믿음 자랑'이다. 마치 자신의 믿음이 강해서 하나님이 없던 은혜도 만들어 주시는 것처럼 여기지 않는가? 이는 스스로 신앙의 주인이 되어서 하나님조차 조종하려고 하는 잘못된 모습이다.

하나님은 언제나 스스로 계획하고 성취하는 주권자이시다. 하나님이 주인이 되어 우리의 삶을 인도해 가시고, 우리는 믿음으로 그분의 인도에 발을 맞춰 순종하는 것이 올바른 순서다. 내 믿음을 자랑하지 말고 하나님이 은혜로 주신 것들을 찬양하는 것이 마땅하다.

더불어, 우리가 믿음으로 은혜를 받아들일 때 가져야 할 태도는 부끄러운 자신의 모습에 대한 회개의 마음이다. 받을 만한 자격이 없는 자에게 주신 은혜에 대한 올바른 반응은 방종이 아니다. 구원이 은혜라는 것은 내가 자유롭게 죄를 짓고 살아도 하나님이 은혜로 다 받아 주신다는 의미가 아니다. 오히려 겸손과 감사한 마음으로 나의 삶을 다해 하나님께 순종하려고 몸부림치는 것, 이것이 은혜받은 자의 마땅한 모습이다.

'은혜에 의하여 믿음으로 구원받는다'는 것이 무엇인지 자신의 말로 설명해 보자.
은혜, 믿음, 구원이라는 단어에 대한 각각의 의미를 알고 있는 대로 적어 보자.

HIS STORY >

하나님이 앞서 가시고 우리는 따라간다

하나님은 항상 앞서 가신다. 그렇지 않고는 결코 우리를 먼저 보내지 않으신다. 우리가 생각지도 못한 일들을 미리 예비하는 분이 하나님이시다. 아브라함이 외아들 이삭을 제물로 바치려고 순종할 때 하나님은 이삭을 대신할 제물을 미리 준비해 두셨다. 여호와 이레의 하나님이 바로 우리 하나님이시다.

"아브라함이 그 땅 이름을 여호와 이레라 하였으므로 오늘날까지 사람들이 이르기를 여호와의 산에서 준비되리라 하더라"(창 22:14).

그런데 우리는 하나님을 오해할 때가 많다. 우리에게 어려운 수수께끼를 내서 힘들게 하고, 결국 답을 못 찾아내면 벌을 주는 무서운 분으로 말이다.

애굽의 종살이에서 해방된 이스라엘 백성은 시내산에서 십계명을 받았다. 우리는 십계명을 무거운 짐으로 여길 때가 많다. 하나님이 지킬 수 없는 규칙을 만들어 사람을 힘들게 하신다고 불평하고는 한다. 십계명은 출애굽기 20장 3-17절에 나오는데, 그 앞의 1-2절을 놓치면 십계명에 대한 오해가 생긴다. 하나님이 이스라엘 백성에게 십계명을 주실 때에는 분명한 전제가 있었다.

"하나님이 이 모든 말씀으로 말씀하여 이르시되 나는 너를 애굽 땅, 종 되었던 집에서 인도하여 낸 네 하나님 여호와니라"(출 20:1-2).

십계명을 지키면 애굽에서 인도하겠다고 하신 것이 아니다. 하나님은 이스라엘 백성을 애굽에서 구원하신 후 십계명을 주셨다. 이스라엘 백성이 애굽에서 구원받은 이유는 그들이 순종했기 때문이 아니다. 그것은 하나님의 은혜였다.

"여호와께서 애굽 사람들에게 재앙을 내리려고 지나가실 때에 문 인방과 좌우 문설주의 피를 보시면 여호와께서 그 문을 넘으시고 멸하는 자에게 너희 집에 들어가서 너희를 치지 못하게 하실 것임이니라"(출 12:23).

하나님이 이스라엘 백성을 애굽에서 구원하신 방법과 그 이유는 무엇인가?(요 1:29; 벧전 1:19 참고)

은혜가 먼저다. 하나님의 인도하심이 먼저다. 우리에게 가장 큰 복인 구원은 오로지 하나님의 아이디어다. 우리에게는 어떤 공로도 없다. 우리가 보일 수 있는 유일한 반응은 감사하는 마음과 순종하는 일이다. 십계명은 무거운 짐이나 강요가 아니다. 은혜받기 위한 조건도 아니다. 이미 은혜를 받은 자로서 마땅히 지켜야 하는 것이다.

하나님이 십계명을 비롯한 여러 가지 율법과 함께 '제사'를 주신 이유는 무엇일까?

이 강을 마무리하며

우리는 복이란 그저 많은 것을 소유하는 것이라 생각한다. 그러나 소유하려는 욕심은 오히려 우리의 인생을 망칠 때가 많다. 하나님은 우리에게 가장 필요한 복이 무엇인지 잘 아신다. 복은 하나님으로부터 온다. 특별히 하나님은 우리에게 구원이라는 복을 주셨다. 구원이 없다면 그 어떤 소유도 우리를 행복하게 할 수 없다.

하나님은 그 놀라운 구원의 복을 우리에게 주실 때 우리에게 아무것도 요구하지 않으셨다. 구원은 오로지 은혜로 주어진 복이다. 우리는 그저 손을 내밀어 그 은혜를 받았을 뿐이다. 우리는 은혜로 살아가는 존재다. 앞서 가시는 하나님을 따라가며 그분이 베푸시는 은혜를 누리는 삶이야말로 가장 행복한 인생이다.

나는 하나님을 조종하려고 하는가,
아니면 하나님께 순종하려고 하는가?
조종하려고 했던 것과 순종하려고 했던 것을 생각나는 대로 모두 적어 보자.

~~~~~~~~~~~~~~~~~~~~~~~~~~~~~~~~~~~~~~~

하나님을 조종하려고 했던 것 :

하나님께 순종하려고 했던 것 :

MY STORY >
HIS STORY >
OUR STORY >

3강

'복음' 자체를 믿어야 한다

❓ 누군가 복음이 무엇인지 묻는다면 어떻게 설명하겠는가?

❓ 예수님을 믿기 전과 믿은 후에 내 삶이
분명히 달라졌다고 생각하는가?
달라진 부분과 달라지지 않은 부분을 적어 보자.

HIS STORY >

복음만 믿고 나머지는 버려라

하나님이 우리에게 은혜로 복을 주셨다. 그 가장 큰 복이 바로 예수 그리스도이시다. 예수님이 아니면 우리는 죄에서 벗어날 수 없다. 이미 지은 죄를 해결할 수도 없고, 오늘도 싸워야 하는 죄를 이길 힘도 가질 수 없다. 우리는 예수님을 통해서만 죄에서 자유함을 얻는다.

"그러므로 이제 그리스도 예수 안에 있는 자에게는 결코 정죄함이 없나니 이는 그리스도 예수 안에 있는 생명의 성령의 법이 죄와 사망의 법에서 너를 해방하였음이라"(롬 8:1-2).

우리가 오직 은혜로 말미암아 구원받았다는 사실이 가장 큰 복이다. 그래서 '복음'이다. 복음은 우리에게 들려진 가장 기쁜 소식, 즉 '굿 뉴스'(Good News)라는 뜻이다.

뉴스는 앞으로 일어날 일을 말하지 않는다. 이미 '일어난 일'을 말한다. 그 일은 이미 일어났고, 더 이상 변하지 않는 사실이다. 복음은 예수님이 우리를 구원하기 위해서 이미 하신 일에 대한 소식이다.

예수님은 우리의 죄를 대신 지고 십자가에 달려 죽으셨으며 3일 만에 부활하셔서 죽음에서 벗어나 생명을 다시 얻으셨다. 십자가로 말미암아 우리의 죄가 죽었고, 부활로 말미암아 우리는 다시 생명을 얻었다. 이것이 구원이고, 이 구원의 소식이 복음이다.

"예수는 우리가 범죄한 것 때문에 내줌이 되고 또한 우리를 의롭다 하시기 위하여 살아나셨느니라"(롬 4:25).

❓ 로마서 10장 9-10절에 의하면,
구원받기 위해 우리는 무엇을 믿어야 하는가?

"네가 만일 네 입으로 예수를 주로 시인하며 또 하나님께서 그를 죽은 자 가운데서 살리신 것을 네 마음에 믿으면 구원을 받으리라 사람이 마음으로 믿어 의에 이르고 입으로 시인하여 구원에 이르느니라"(롬 10:9-10).

예수님이 우리를 구원하기 위해 하신 일, 즉 십자가의 죽음과 부활을 믿는 일을 통해 구원이 주어진다. 복음을 듣고 믿음으로 받아들일 때 구원이 일어난다.

그런데 믿음이 변질된 경우를 많이 본다. 복음 자체를 믿는 믿음이 아니라, 교회를 다니면 세상적인 복을 받는다는 믿음이 판을 치고 있다. 예수님을 구원자로 믿는 믿음이 아니라, 예수님을 믿는 척하면서 실제로는 돈과 성공과 명예가 주어질 것을 믿는 헛된 믿음 말이다. 복음은 우리를 부자로 만들어 주지 않는다. 복음은 우리를 성공시키기 위한 소식이 아니다. 복음은 우리의 편안한 노후를 보장하는 보험이 아니다.

예수님을 이용해서 무언가 얻으려는 사람은 복음 자체를 믿는 믿음이 약해지고, 믿음 외에 내가 무언가 해야 한다는 생각을 갖게 된다. 일종의 보상을 목적으로 하는 신앙이다. '내가 이만큼 기도하면 하나님이 이만큼 해 주시겠지? 내가 이만큼 헌신하면 하나님이 이만큼 해 주시겠지?' 하는 생각이다. 하나님이 은혜로 주시는 복이 아니라 내가 한 만큼 얻어내려는 공로 사상에 근거한 왜곡된 신앙관을 갖게 된다.

"예수께서 대답하여 이르시되 내가 진실로 진실로 너희에게 이르노니 너희가 나를 찾는 것은 표적을 본 까닭이 아니요 떡을 먹고 배부른 까닭이로다"(요 6:26).

> 예수님을 믿는 것과 예수님을 믿어서 얻는 혜택을 믿는 것의 차이는 무엇인가?

다윗 이야기 속의 복음

　신앙을 '충전기'처럼 오해하는 사람들이 있다. 휴대전화는 날마다 충전해야 하루를 쓸 수 있다. 하루 종일 사용한 휴대전화는 집에 들어가 잠자리에 들기 전에 충전기에 연결해야 한다. 아침이 되어 집을 나설 때면 충전기와 분리한 후 충전된 휴대전화를 들고 나간다.

　신앙은 충전된 휴대전화를 들고 나가는 것과 다르다. 그런데 많은 사람이 휴대전화를 충전하듯 기도하고 말씀을 읽고는, "이제 은혜를 받았으니 나는 모든 것을 할 수 있어! 하나님이 주신 능력으로 오늘도 승리해야지!" 하며 밖으로 나간다.

　어떠한가? 교회에서 많이 듣는 말 아닌가? 맞는 말처럼 들리지 않는가? 그러나 틀린 말이다. 우리가 가장 오해하는 것 중 하나가 바로 하나님께 은혜를 받고 복을 받으면, 그것으로 내가 무엇이든 할 수 있는 능력자가 되는 양 생각하는 것이다.

　휴대전화는 충전이 끝나면 충전기와 분리되어 그 기능을 수행한다. 하지만 사람은 결코 한순간도 하나님과 분리되어 살아갈 수 없다. 우리는 하나님과 붙어 있음으로 충전되는 시간과, 떨어져 있음으로 방전되는 시간을 구분해서는 안 되는 존재다.

　하나님을 이용해서 우리가 승리자가 되는 것이 아니다.
　하나님이 승리자이시며, 우리는 하나님과 항상 함께함으로
　하나님의 승리에 참여하는 영광을 누리는 것이다.
　하나님의 승리가 곧 우리의 승리가 된다.

❓ 나의 신앙도 충전기 신앙은 아닌가?
여기서 새롭게 깨달은 것이 있다면 자신이 이해한 대로 설명해 보자.

구약에 등장하는 다윗은 자신보다 훨씬 큰 용사 골리앗을 쓰러뜨린 사건으로 유명하다. 군사 훈련을 받아 본 적도 없는 소년 다윗이 그저 돌멩이로, 칼을 든 골리앗 장군을 이긴 것은 기적이었다. 다윗은 하나님을 욕하는 골리앗을 보고만 있을 수 없었다. 하나님의 명예를 지키기 위해 골리앗을 상대했다. 결과는 아는 바와 같이 다윗의 승리였다.

사무엘상 17장 45-47절을 읽고 질문에 답해 보자.
- 다윗은 누구를 의지하고 싸움에 나갔는가?(45절)
- 다윗은 누구를 위해 싸움에 나갔는가?(46절)
- 이 싸움은 누구의 승리로 끝났는가?(47절)

"다윗이 블레셋 사람에게 이르되 너는 칼과 창과 단창으로 내게 나아 오거니와 나는 만군의 여호와의 이름 곧 네가 모욕하는 이스라엘 군대의 하나님의 이름으로 네게 나아가노라 오늘 여호와께서 너를 내 손에 넘기시리니 내가 너를 쳐서 네 목을 베고 블레셋 군대의 시체를 오늘 공중의 새와 땅의 들짐승에게 주어 온 땅으로 이스라엘에 하나님이 계신 줄 알게 하겠고 또 여호와의 구원하심이 칼과 창에 있지 아니함을 이 무리에게 알게 하리라 전쟁은 여호와께 속한 것인즉 그가 너희를 우리 손에 넘기시리라"(삼상 17:45-47).

다윗은 하나님의 능력을 의지한 후에 "하나님, 이제 골리앗과 싸우고 올 테니 그동안 하나님은 의자에 앉아서 보고만 계세요."라고 말하지 않았다. 다윗의 믿음은 충전기 신앙이 아니었다.

다윗은 하나님을 의지하고 하나님의 명예를 드높이고자 했고, 하나님은 칼로 무장한 골리앗을 쓰러뜨리심으로 다윗을 구원하셨다. 겉으로는 다윗의 승리 같아 보이지만 실상은 하나님이 다윗을 골리앗으로부터 구원하신 사건이다.

다윗은 승리했다. 그러나 다윗은 승리자가 아니었다. 하나님의 구원하심으로 인해 얻은 승리였다. 다시 말해, 하나님이 승리하셨으며 하나님과 함께한 다윗은 하나님의 승리를 함께 누리는 영광을 얻게 되었다.

게다가 더 중요한 사실이 있다. 골리앗 앞에서 그토록 무력했던 이스라엘 백성도 모두 승리자가 되었다. 골리앗의 패배는 곧 블레셋 전체의 패배였으며, 다윗의 승리는 곧 이스라엘 전체의 승리가 되었다. 다윗이라는 한 사람을 통해 모든 이스라엘 백성에게 하나님의 승리를 전하는 것, 이것이 바로 복음의 영적인 원리다.

상상해 보라. 다윗이 골리앗을 쓰러뜨렸을 때 이스라엘 백성이 질렀을 기쁨의 함성을 말이다. 골리앗이 쓰러졌다는 소식은 이스라엘 백성에게 가장 기쁜 소식, 곧 복음이었을 것이다. 이스라엘 백성은 아무것도 한 일이 없었지만 그래도 구원을 받았다. 그래서 성경은 복음이 무조건적인 은혜로 주어진다고 말하는 것이다.

❓ 다윗의 이야기를 통해 깨닫게 된 것은 무엇인가?
이 이야기를 통해 복음에 대해 새롭게 알게 된 것이 있는가?

HIS STORY >

예수님의 이야기 속 복음

 구약성경에 등장하는 다윗은 예수 그리스도를 예표(앞으로의 일을 미리 나타냄)하는 대표적인 인물이다. 다윗의 이야기는 신약성경으로 넘어오면서 그대로 예수님의 이야기로 이어진다. 결론부터 말하자면, '예수님 한 분으로 인해 하나님이 모든 사람을 구원하시는 것'이 바로 복음이다.

❓ 로마서 5장 17-18절을 읽고 질문에 답해 보자.
- 한 사람 아담의 범죄로 말미암아 많은 사람이 어떤 상태에 놓이게 되었는가?(17-18절)
- 많은 사람이 어떻게 살 수 있는가?(18절)

"한 사람의 범죄로 말미암아 사망이 그 한 사람을 통하여 왕 노릇 하였은즉 더욱 은혜와 의의 선물을 넘치게 받는 자들은 한 분 예수 그리스도를 통하여 생명 안에서 왕 노릇 하리로다 그런즉 한 범죄로 많은 사람이 정죄에 이른 것 같이 한 의로운 행위로 말미암아 많은 사람이 의롭다 하심을 받아 생명에 이르렀느니라"(롬 5:17-18).

다윗이 하나님의 구원하심으로 골리앗을 이기고 승리자가 되었듯, 예수님도 십자가에서 하나님의 구원하심으로 부활하시고 죽음을 이긴 승리자가 되셨다. 다윗의 승리가 모든 이스라엘 백성을 살린 것처럼, 예수님의 승리로 모든 사람이 살아나게 되었다.

이것이 복음의 원리다. 우리는 아무 공로가 없지만, 하나님이 우리를 긍휼히 여기심으로 예수님을 보내 주셨고, 그분으로 말미암아 구원받게 되었다. 우리가 보일 수 있는 유일한 반응은 감사뿐이다.

"모든 사람이 죄를 범하였으매 하나님의 영광에 이르지 못하더니 그리스도 예수 안에 있는 속량으로 말미암아 하나님의 은혜로 값 없이 의롭다 하심을 얻은 자 되었느니라"(롬 3:23-24).

잠시 눈을 감고 하나님이 나에게 주신 기쁜 소식,
곧 예수님이 행하신 일을 묵상하며
감사의 고백을 올려 드리자.
(새찬송가 310장 "아 하나님의 은혜로" 가사를 읽고 찬양해도 좋다.)

HIS STORY >

예수님의 승리를 날마다 맛보라

💬 누가복음 8장 22-25절을 읽고 질문에 답해 보자.
- 본문의 상황을 요약해서 설명해 보라.
- 광풍을 이길 수 있는 사람이 있는가?
  광풍을 만난 제자들의 감정은 어떠했는가?(23-24절)
- '광풍이 우리를 죽일 것'이라는 믿음과 '예수님이 나를 살리실 것'이라는 믿음 중 우리는 어떤 믿음을 선택해야 하는가?
- 인생에서 광풍을 만날 때 어떻게 이길 수 있는가?

"하루는 제자들과 함께 배에 오르사 그들에게 이르시되 호수 저편으로 건너가자 하시매 이에 떠나 행선할 때에 예수께서 잠이 드셨더니 마침 광풍이 호수로 내리치매 배에 물이 가득하게 되어 위태한지라 제자들이 나아와 깨워 이르되 주여 주여 우리가 죽겠나이다 한대 예수께서 잠을 깨사 바람과 물결을 꾸짖으시니 이에 그쳐 잔잔하여지더라 제자들에게 이르시되 너희 믿음이 어디 있느냐 하시니 그들이 두려워하고 놀랍게 여겨 서로 말하되 그가 누구이기에 바람과 물을 명하매 순종하는가 하더라"(눅 8:22-25).

광풍은 미친 듯이 몰아치는 태풍과 같다. 인간의 힘으로는 강력한 태풍을 이길 수 없다. 그런데 우리는 "제가 광풍을 이기게 해 주세요"라고 기도할 때가 많다. 그러나 내가 광풍을 이기는 것이 아니다.

우리는 그렇게 기도하기보다는 예수님 곁에 가까이 머물면서 그분께 부탁드려야 한다. 광풍은 오직 예수님만이 이기실 수 있다. 우리는 다만 예수님의 옷자락을 꼭 붙잡고 있으면서 그분이 광풍을 이기신 승리를 누릴 뿐이다.

나는 승리자가 아니다.
예수님만이 승리자이시다.

"내 안에 거하라 나도 너희 안에 거하리라 가지가 포도나무에 붙어 있지 아니하면 스스로 열매를 맺을 수 없음 같이 너희도 내 안에 있지 아니하면 그러하리라 나는 포도나무요 너희는 가지라 그가 내 안에, 내가 그 안에 거하면 사람이 열매를 많이 맺나니 나를 떠나서는 너희가 아무 것도 할 수 없음이라"(요 15:4-5).

이 강을 마무리하며

복음은 예수님이 죄인을 구원하기 위해 은혜로 '이미 이루신 일'이다. 그 일을 듣고 믿는 자에게 구원이 주어진다. 예수님이 십자가에서 죽으시고 부활을 통해 죽음을 이기신 생명의 능력이 우리에게 주어짐으로 우리도 죄에서 생명으로 옮겨지는 혜택을 누리게 되었다.

복음 자체에 능력이 있다.
예수님이 하신 일 자체에 생명이 있다.
복음에 더하거나 뺄 것은 전혀 없다.
복음보다 더 큰 은혜는 없다.
우리는 이미 가장 큰 은혜를 누리고 있다.

예수님을 믿는 것을 빌미로 다른 은혜를 얻어 내려는 얄팍한 신앙에서 벗어나야 한다. "나 무엇과도 주님을 바꾸지 않으리 다른 어떤 은혜 구하지 않으리"라는 찬양의 가사처럼, 복음 자체를 믿고 예수님의 승리로 말미암은 승리에 감사하는 신앙이어야 한다.

인생의 광풍 속에 있었던 때를 돌아보며 적어 보자.
〰〰〰〰〰〰〰〰〰〰〰〰〰〰〰〰〰〰〰

MY STORY >
HIS STORY >
OUR STORY >

4강

복을 받은 자의 생활

> 일상에서 자주 만나는 사람이 있는가?
> 왜 그 사람을 자주 만나게 되는가?
> 혹은 피하게 되거나, 전에는 자주 만났지만
> 지금은 만나지 않는 사람이 있는가? 그 이유는?

HIS STORY >

착한 사람이 되어야 하는 이유

필 주커먼의 『신 없는 사회』라는 책은 크리스천에게 경종을 울리는 내용으로 가득하다. 하나님을 믿지 않으면 불행한 사람, 불행한 사회가 된다고 주장하는 보수적인 크리스천들에 대해 반박하고 있다. 예로써 미국과 덴마크를 비교하는데, 미국이 훨씬 더 많은 교회와 기독교 인구를 가졌지만, 사회지표상 더 행복한 나라는 덴마크라는 것이다.

실제로 크리스천과 비 크리스천의 윤리적 지표에 별 차이가 없다는 것은 어제오늘 일이 아니다. 이런 상황이다 보니 크리스천들은 세상 사람들에게 손가락질 당하지 않는 착한 사람이 되어야 한다는 압박을 받는 듯하다. 신앙의 목적도 '윤리적 인간'이 되는 것으로 변해 가는 것 같다. 물론 크리스천은 윤리적이어야 한다. 그러나 윤리적 인간이 크리스천의 최종 목표는 아니다. 착한 사람이 되어야 하는 것은 또 다른 목표를 위한 과정일 뿐이다.

"이같이 너희 빛이 사람 앞에 비치게 하여 그들로 너희 착한 행실을 보고 하늘에 계신 너희 아버지께 영광을 돌리게 하라"(마 5:16).

> 마태복음 5장 16절에서,
> 우리가 착한 사람이 되어야 하는 이유는 무엇인가?

은혜로 받은 구원으로 하나님의 자녀 된 우리는 착한 삶을 지향해야 한다. 하나님의 말씀을 읽고, 그대로 순종하고, 잘못을 회개하고 돌이키는 삶을 통해 성숙해 가야 한다. "좋은 성도는 좋은 시민이 되어야 한다"는 말처럼, 교회 안팎에서 착한 행실을 보여야 한다.

착한 사람이 되는 것은 하나님의 뜻대로 사는 자의 마땅한 결과물이다. 그것은 하나님의 뜻대로 사는 삶의 일부분이다. 착한 행실을 통해 내가 사람들에게 칭찬받는 것을 넘어 하나님께 영광이 돌려지는 데까지 이르러야 한다.

'사람들이 우리의 착한 행실을 보고 하나님께 영광을 돌리게 하라'는 말을 풀어서 설명하면, 사람들에게 "너는 어떻게 그렇게 착한 삶을 살 수가 있어? 네가 믿는 하나님은 도대체 어떤 분이기에 너의 삶이 그토록 선할 수 있어? 나도 그 하나님을 알고 싶어"라는 질문을 듣는 사람이 되라는 뜻이다. 다시 말해, 내가 믿는 하나님이 어떤 분이신지 사람들이 묻게 해야 한다는 것이다.

또한 크리스천은 그 질문에 대답할 복음을 늘 준비해야 한다. 내가 어떻게 구원을 얻었는지, 그리고 하나님이 어떻게 나의 삶을 변화시켜 오셨는지를 전해야 한다.

"너희 마음에 그리스도를 주로 삼아 거룩하게 하고 너희 속에 있는 소망에 관한 이유를 묻는 자에게는 대답할 것을 항상 준비하되 온유와 두려움으로 하고 선한 양심을 가지라 이는 그리스도 안에 있는 너희의 선행을 욕하는 자들로 그 비방하는 일에 부끄러움을 당하게 하려 함이라 선을 행함으로 고난 받는 것이 하나님의 뜻일진대 악을 행함으로 고난 받는 것보다 나으니라"(벧전 3:15-17).

❓ 당신은 왜 신앙생활을 하는가?
무엇을 위해 신앙생활을 하는지 적어 보자.

이미 받은 복을 드러내라

신년이 되면 가장 많이 읽히는 성경 말씀이 있다. 시편 1편과 시편 119편이다. 아마도 '복'이 주제이기 때문일 것이다.

"복 있는 사람은 악인들의 꾀를 따르지 아니하며 죄인들의 길에 서지 아니하며 오만한 자들의 자리에 앉지 아니하고 오직 여호와의 율법을 즐거워하여 그의 율법을 주야로 묵상하는도다"(시 1:1-2).

복을 싫어하는 사람은 없다. 다 복 받기를 원한다. 그래서 시편 1편을 읽으면서 이런 다짐을 한다. "아, 복을 받는 사람이 되려면 죄짓지 말고 하나님의 말씀을 자주 읽어야겠다" 뒤집어 말하면, 죄를 짓지 않고 성경을 읽는 이유가 바로 복을 받기 위해서라는 것이다. 그래서 신년이 되면 복 받는 법을 배우려고 시편 1편을 찾아 읽는다. 119편도 같은 맥락이다.

"행위가 온전하여 여호와의 율법을 따라 행하는 자들은 복이 있음이여 여호와의 증거들을 지키고 전심으로 여호와를 구하는 자는 복이 있도다"(시 119:1-2).

그러나 시편 1편과 시편 119편에 나오는 '복'의 의미는 우리가 아는 것과 조금 다르다. 사람들이 대개 생각하는 복은 물질의 복 또는 건강의 복이다. 이전에는 갖지 못했던 것을 하나님이 주심으로 소유하게 되는 복이다. 이렇듯 하나님이 우리에게 주시는 구체적인 소유의 복을 말할 때는 '바라크'라는 단어를 사용한다.

그런데 '복'으로 해석되는 또 다른 단어가 있다. '아쉬레'인데, 곧 내적인 평안과 같은 행복한 감정을 말한다. '아쉬레'는 이런 행복한 감정이 주변 사람들에 의해 알려지는 것을 뜻한다. 다시 말해, 새롭게 주어지는 구체적인 복이 아니라, 이미 주어진 복으로 인해 행복해하는 모습이 '아쉬레'라고 할 수 있다. 시편 1편과 시편 119편의 복이 바로 '아쉬레'다.

❓ **나는 주변 사람들에게 행복한 사람이라는 평가를 받는가?**

_____
_____
_____
_____
_____

'아쉬레'의 의미로 시편 1편과 시편 119편을 해석하면 '율법을 따라 살면 없던 것이 생기는 복을 받는다'가 아니라 '나는 이미 복을 많이 받아 행복하니 율법을 따라 사는 것이 마땅하다'가 된다.

우리 모두 '아쉬레' 신앙을 회복해야 한다. 계속 '바라크'만 원하면서 욕심을 부리는 것이 아니라, 이미 받은 은혜를 생각하며 이제는 주변 사람들에게 우리의 행복한 모습을 드러내야 한다.

받은 복으로 인한 우리의 행복은 주변을 아름답게 바꾸는 영적인 전염성을 가져야 한다. 그러려면 먼저 날마다 "내가 받은 구원보다 더 큰 복은 없다. 이미 받은 복이 너무 크다"라고 고백하며 살아야 한다. 이것이 바로 날마다 복음을 재발견하는 삶이다.

❓ 내가 받은 구원의 복이 얼마나 큰 복이라고 생각하는가?
자신의 말로 감사의 고백을 적어 보자.
"나 무엇과도 주님을 바꾸지 않으리" 찬양의 가사를 적어도 좋다.

복음은 '남을 잘되게 하는 것'이다

복음은 예수님이 하신 일로 말미암아 구원을 받게 되었다는 기쁜 소식이다. 그렇다면 예수님이 하신 일, 즉 그분이 십자가에 달리신 이유는 무엇일까? 예수님은 자신이 잘되려고 십자가에 달리신 것이 아니다. 그분과는 전혀 무관한 남(인류)을 잘되게 하시고자 십자가에 달리셨다.

예수님은 이 땅에서 창조자로 인정받고 인간들의 왕이 되려고 십자가를 지신 것이 아니다. 예수님은 전적으로 아무런 관련 없는, 오히려 그분을 대적하는 자들까지 잘되게 하려고 십자가를 지셨다. 복음의 핵심 정신은 바로 '내가 잘되는 것이 아니라 남을 잘되게 하는 것'이라 해도 과언이 아니다. "하나님이 나 같은 죄인을 부르시고 은혜로 구원하셔서 나는 이미 잘되었으니 이제는 남도 잘되게 하라"는 것이 예수님의 부탁이기도 하다.

하나님께 쓰임 받은 사람들은 모두 자신이 받은 복을 알았다. 그리고 자신만 잘되려 했던 사람들이 아니라 다른 이를 잘되게 하려던 사람들이었다.

- 예수님은 인류의 구원을 위해 십자가를 참으셨다(히 12:2).
- 하나님이 아브라함에게 주신 복은 모든 사람을 위한 복이었다(창 12:1-3; 롬 4:16-18).
- 모세는 이스라엘 백성을 위해 자신의 부귀영화를 포기했다(히 11:24-26).
- 사도 바울은 자기의 구원을 포기하고라도 유대인을 구원하기 원했다(롬 9:3).

❓ 앞의 성경 인물들의 공통점은 무엇인가?
성경에서 하나님께 쓰임 받은 사람 중에 '나만 잘되기'를
추구한 사람이 있는가?

_____

_____

_____

_____

'나만 잘 먹고 잘 살겠다'는 것은 결코 복음의 정신이 아니다. 하나님은 나 한 사람 잘되라고 우리에게 은혜를 베푸시는 것이 아니다. 우리의 구원이 십자가를 통해 이루어졌다면, 우리 역시 십자가의 의미대로 사는 삶을 실천해야만 한다. 그 삶을 통해 복음이 지금보다 더 멀리, 곳곳으로 전해져야만 한다.

"내가 그리스도와 함께 십자가에 못 박혔나니 그런즉 이제는 내가 사는 것이 아니요 오직 내 안에 그리스도께서 사시는 것이라 이제 내가 육체 가운데 사는 것은 나를 사랑하사 나를 위하여 자기 자신을 버리신 하나님의 아들을 믿는 믿음 안에서 사는 것이라"(갈 2:20).

❓ '남을 잘되게 하는' 복음의 정신을 적용해
갈라디아서 2장 20절 말씀을 자신의 고백으로 적어 보자.

_____

_____

_____

_____

'남을 잘되게 하기 위한' 실천

현대 사회를 '파편 사회'라고들 한다. 개인주의가 극대화된 형태의 사회가 파편 사회다. 개개인이 나름대로의 세계관을 가지고 자기 세계를 구축하면서 살아간다. 자기 세계 속에서 살다 보니 다른 사람과의 관계성이 약화되고, 자기와 다른 생각을 갖는 사람들을 적으로 여긴다.

파편 사회가 낳은 또 하나의 사회 현상이 바로 '혐오'다. 다름을 인정하지 않고 틀리다고 생각하면서 분노하고 공격하는 것이다. 이런 사회에 사는 사람들이 모인 세상 가운데 복음의 소식을 전하는 것은 어쩌면 불가능한 일로 보이기도 한다. 각자의 세계를 위해 쳐 놓은 벽들이 너무 견고하기 때문이다.

교회는 점점 세상 밖으로 나가기보다 외부와 벽을 쌓고 안으로 들어가고 있다. 교회 또한 파편 사회 속 또 하나의 파편이 되고 있는 것이다. 그러나 하나님이 우리에게 원하시는 삶은 세상 속으로 나아가는 것이다.

하나님은 '보내시는 하나님'이시다. 하나님은 철저하게 선교적이시다. '선교'의 영어 단어 'mission'의 어원은 '보내다'라는 뜻이다. 하나님은 아브라함을 보내셨고, 선지자들을 보내셨고, 예수님을 보내셨다. 그리고 예수님은 바로 우리를 보내신다.

"예수께서 또 이르시되 너희에게 평강이 있을지어다 아버지께서 나를 보내신 것 같이 나도 너희를 보내노라"(요 20:21).

💬 내가 세상으로 보냄 받은 사람,
곧 세상 속의 선교사라는 것을 인정하는가?

_____
_____
_____
_____
_____

세상 속으로 나아갈 때 어떤 모습으로 나아갈 것인가? 우리에게 가장 좋은 모범은 바로 예수님이시다. 예수님이 보이신 '성육신의 영성'을 갖추어야 한다.

우리는 단지 하나님이 존재하신다는 것을 믿는 유신론자가 아니다. 하늘에 머물러 계시는 하나님이라는 존재를 믿고 사는 사람이 아니라는 뜻이다. 기독교는 인간이 되신 하나님을 믿는 것이다. 그렇기 때문에 기독교는 철저하게 실천적인 종교다. 나 역시 예수님처럼 세상을 향해 성육신의 영성을 구현하라는 실제적 삶의 변화를 요구받는다.

하나님은 하늘에서 인간의 몸을 입고 진짜 사람이 되셨다. 사람을 구원하시기 위해서다. 그리고 이 땅에 오셔서 하나님으로서 모든 권리를 버리고 철저하게 인간으로 사셨으며, 죄인들과 함께하셨다. 하나님은 우리에게도 그들에게 가라고 하신다. 나의 모습이 아닌 바로 '그 사람'의 모습이 되어서 말이다.

"내가 모든 사람에게서 자유로우나 스스로 모든 사람에게 종이 된 것은 더 많은 사람을 얻고자 함이라 유대인들에게 내가 유대인과 같이 된 것은 유대인들을 얻고자 함이요 율법 아래에 있는 자들에게는 내가 율법 아래에 있지 아니하나 율법 아래에 있는 자 같이 된 것은 율법 아래에 있는 자들을 얻고자 함이요 율법 없는 자에게는 내가 하나님께는 율법 없는 자가 아니요 도리어 그리스도의 율법 아래에 있는 자이나 율법 없는 자와 같이 된 것은 율법 없는 자들을 얻고자 함이라 약한 자들에게 내가 약한 자와 같이 된 것은 약한 자들을 얻고자 함이요 **내가 여러 사람에게 여러 모습이 된 것은 아무쪼록 몇 사람이라도 구원하고자 함**이니 내가 복음을 위하여 모든 것을 행함은 복음에 참여하고자 함이라"(고전 9:19-23).

❓ 하나님이 우리를 세상으로 보내시며 무엇을 기대하실까?

❓ 여러 사람에게 여러 모양이 된다는 말을 나의 삶에서 어떻게 실천할 수 있을까?

이 강을 마무리하며

크리스천은 이미 복을 많이 받았다. 구원이라는 가장 큰 복을 받은 사람이 크리스천이다. 그 복은 전파되어야 한다. 파편 사회 속에서 복된 소식을 전하는 유일한 방법은 '성육신의 영성'으로 나아가는 것뿐이다.

교회 안에서 우리끼리 모여서 받은 복을 나누는 것도 참 감사한 일이지만, 여러 사람에게 여러 모양이 되어 하나님이 기뻐하시는 복음을 전하는 일에도 게을러서는 안 된다. 우리는 세상을 살아가는 선교사로 부르심을 받은 하나님의 자녀들이기 때문이다.

"내가 너희에게 이르노니 이와 같이 죄인 한 사람이 회개하면 하늘에서는 회개할 것 없는 의인 아흔아홉으로 말미암아 기뻐하는 것보다 더하리라" (눅 15:7).

**누가복음 15장 7절은
하나님이 무엇을 기뻐하신다고 말하는가?
이를 위해 내 삶에서 구체적으로 할 수 있는 일들을 적어 보자.**

이제 복음을 어떻게 설명하겠는가?
복음에 대해 새롭게 이해한 부분이 있는가?

사명선언문

너희가 흠이 없고 순전하여……세상에서 그들 가운데 빛들로
나타내며 생명의 말씀을 밝혀 _ 빌 2:15-16

1. 생명을 담겠습니다
만드는 책에 주님 주신 생명을 담겠습니다.
그 책으로 복음을 선포하겠습니다.

2. 말씀을 밝히겠습니다
생명의 근본은 말씀입니다.
말씀을 밝혀 성도와 교회의 성장을 돕겠습니다.

3. 빛이 되겠습니다
시대와 영혼의 어두움을 밝혀 주님 앞으로 이끄는
빛이 되는 책을 만들겠습니다.

4. 순전히 행하겠습니다
책을 만들고 전하는 일과 경영하는 일에 부끄러움이 없는
정직함으로 행하겠습니다.

5. 끝까지 전파하겠습니다
모든 사람에게, 땅 끝까지, 주님 오시는 그날까지
복음을 전하는 사명을 다하겠습니다.

서점 안내

광화문점 서울시 종로구 새문안로 69 구세군회관 1층
02)737-2288 / 02)737-4623(F)

강남점 서울시 서초구 신반포로 177 반포쇼핑타운 3동 2층
02)595-1211 / 02)595-3549(F)

구로점 서울시 동작구 시흥대로 602, 3층 302호
02)858-8744 / 02)838-0653(F)

노원점 서울시 노원구 동일로 1366 삼봉빌딩 지하 1층
02)938-7979 / 02)3391-6169(F)

분당점 경기도 성남시 분당구 황새울로 315 대현빌딩 3층
031)707-5566 / 031)707-4999(F)

일산점 경기도 고양시 일산서구 중앙로 1391 레이크타운 지하 1층
031)916-8787 / 031)916-8788(F)

의정부점 경기도 의정부시 청사로47번길 12 성산타워 3층
031)845-0600 / 031)852-6930(F)

인터넷서점 www.lifebook.co.kr